1er avril 1853.

CATALOGUE
D'UNE
FORT BELLE COLLECTION
DE
TABLEAUX
ANCIENS,

des Écoles Italienne, Espagnole, Flamande
et Française,

Composant le Cabinet de M. ROLLIN,
Avocat à Lyon,

DONT LA VENTE AUX ENCHÈRES PUBLIQUES AURA LIEU

HOTEL DES VENTES MOBILIÈRES,
RUE DES JEUNEURS, No 42,
Salle n. 1,

LES VENDREDI 1 ET SAMEDI 2 AVRIL 1853, HEURE DE MIDI.

Par le ministère de Me RIDEL, Commissaire-Priseur,
335, rue Saint-Honoré,

Assisté de M. FERDINAND LANEUVILLE, Expert,
rue Neuve des Mathurins, 73,

Chez lesquels se distribue le présent Catalogue.

EXPOSITION PUBLIQUE
Le Jeudi 31 Mars 1853, de midi à 5 heures.

Exemplaire de Beurdeley père.

PARIS
MAULDE ET RENOU,
IMPRIMEURS DE LA COMPAGNIE DES COMMISSAIRES-PRISEURS,
rue de Rivoli prolongée, au coin de celle de l'Arbre-Sec.
—
1853

CONDITIONS DE LA VENTE.

Elle sera faite au comptant.

Les acquéreurs paieront en sus des adjudications cinq centimes par franc applicables aux frais.

AVERTISSEMENT.

La **Collection** que nous sommes chargés de vendre jouissait à Lyon d'une **grande réputation**; une partie est arrivée par héritage au possesseur actuel, le reste a été acquis par lui-même dans quelques ventes célèbres.

Ces tableaux n'arrivant à Paris que quelques jours avant la vente, nous nous trouvons dans la nécessité, n'ayant pas vu les tableaux, de publier le Catalogue tel qu'il nous a été adressé par le propriétaire.

DÉSIGNATION
DES TABLEAUX

ALBANE.

1 — Paysage.
> Vénus, l'Amour et des Satyres cueillant des fruits.
> Collection Bruny.

ALLEGRAIN.

2 — Paysage orné d'un grand nombre de figures.
> Collection Bruny.

ASSELYN.

3 — Paysage dans le style de Claude Lorrain.

DU MÊME.

4 — Pendant du précédent.

AUBRY.

5 — Les deux jumeaux.

> Une jeune mère tient à la fois sur ses genoux, une petite fille endormie et un petit garçon qui s'éveille.
>
> **Ancienne collection Coulet.**

BARBIERA (signé et daté).

6 — Judith près d'Holopherne endormi; elle est accompagnée de sa servante.

BEGYN.

7 — Une bergère gardant des vaches et des chèvres.

BENEDETTE (Castiglione, dit le).

8 — Paysage grandiose avec personnages et animaux.

AU MÊME (attribué).

9 — Une bergère allaitant son enfant; près d'elle est son troupeau gardé par un chien.

AU MÊME (attribué).

10 — Un pâtre menant s'abreuver à un ruisseau un cheval, un chien et des brebis.

BERTIN.

11 — Paysage avec personnages et animaux.

DU MÊME.

12 — Pendant du précédent.

BOUCHER.

13 — Portrait de Mme Leguay, femme du fermier-général.

> Elle est représentée dans un costume plein de richesse et de grâce.
>
> Collection Bruny.

DU MÊME.

14 — La fête de Pan.

DU MÊME.

15 — Saint Sébastien attaché à un arbre.

DU MÊME.

16 — Pastorale. Une bergère est endormie dans la campagne, une chèvre est auprès d'elle.

> Galerie du marquis de Raghaès.

BOURDON (Sébastien).

17 — Le Christ mort étendu sur son linceul; on aperç plus loin une Sainte Femme et saint Jean

DU MÊME.

16 — Jacob surprenant la bénédiction d'Isaac.
Collection Bousquet.

BOUT et BAUDEWYNS.

19 — Au bord de la mer couverte de navires, de nombreux cavaliers escortent un matériel de guerre ; près de là des villageois font paître des moutons et des bœufs sur la lisière d'un bois.
Collection Coulet.

BREUGHEL DE VELOURS.

20 — Paysage d'une extrême finesse animé de personnages et d'animaux, dans l'éloignement on aperçoit un village.
Collection Joursenveau.

DU MÊME.

21 — Un seigneur à cheval, précédé d'un piqueur et d'un chien, poursuit un cerf. Au premier plan, un lièvre est relancé par deux chiens.

BRONZINO (Angiolo).

22 — Le Christ couronné d'épines et soutenu par deux Anges.

Ce tableau a appartenu au cardinal de Richelieu, il a fait partie ensuite de la galerie des Poniatowski de Florence.

CANALETTI.

23 — Fête sur la grande place de Florence.

DU MÊME.

24 — Fête sur le grand canal de Venise. Pendant du précédent.

Galerie de Raghaès.

CARRACHE.

25 — La mort de sainte Madeleine; quatre anges soutiennent dans leurs bras son corps à demi-nu.

DU MÊME (ÉCOLE).

26 — Thisbée se perçant d'une épée sur le corps de Pyrame, que deux Amours lui montrent en pleurant.

CHAMPAIGNE (Philippe de).

27 — Portrait de Jean d'Angène de Lasterne.

DU MÊME.

28 — Portrait du R. P. du Tremblay Fieuzane; il a une main appuyée sur une Bible.

CHARDIN.

29 — Portrait de Jeanne de Coise, baronne de Riverie; elle a les mains dans un manchon, un mantelet sur les épaules et une espèce de capuce sur la tête.

DU MÊME.

30 — Portrait de Mme Blandine d'Avaize ; elle est représentée écrivant, elle est vêtue d'un mantelet en taffetas noir garni de dentelle.

Collection Bousquet.

DU MÊME.

31 — Portrait d'Henriette de Créqui ; elle est coiffée d'une calèche en taffetas noir.

CHEVAUX (signé, daté 1788).

32 — Paysage d'une grande légèreté d'exécution.

CLOUET.

33 — Portrait de Gabrielle d'Estrée enfant ; elle est coiffée d'un chapeau à larges bords orné d'une plume blanche.

COLLANTES.

34 — Paysage traversé par une rivière, orné de figures et d'animaux.

Collection Raghaès.

COLLOMBELLE.

35 — Une femme se préparant à se baigner dans un ruisseau.

COPAN (signé, daté 1805).

36 — Paysage.

COUTURIER (signé, daté 1810).

37 — Au bord d'un ruisseau ombragé d'arbres, un berger attire amoureusement sur son sein une baigneuse qui s'en défend.

DU MÊME (signé, daté 1810).

38 — Dans une grotte rocheuse aux parois couvertes d'arbustes et de plantes retombant en rideau, une Bacchante s'abandonne aux caresses d'un Faune.

COYPEL (N.).

39 — Hercule aux Enfers.

CRAYER (G.).

40 — La Sainte Vierge assise, ayant une couronne royale sur la tête, tient debout sur ses genoux son divin Enfant.

Galerie Joursanvem.

DU MÊME.

41 — Portrait de Marie de Médicis.

CUYP (Albert).

42 — Une mère en deuil et ses deux enfants en prière.

DANLOUX.

43 — Les dénicheurs d'oiseaux.

Pendant qu'une jeune fille tient l'échelle à un jeune garçon qui, monté sur un arbre, enlève un nid, un autre assis au pied du même arbre déclare son amour à une bergère.

DAVID (L.).

44 — Tête de guerrier.

DU MÊME.

45 — Tête d'homme.

Ces deux tableaux ont appartenu au peintre Desc brages.

DE VOS (Martin).

46 — Sur la lisière d'un bois une meute de huit chiens poursuit avec acharnement plusieurs animaux.

Galerie Coulet.

DE LA HYRE (Laurent).

47 — La curiosité de Psyché.

DU MÊME.

48 — Diane au bain.

DE TROY (F.).

49 — Portrait de Mme Lucie Claré, comtesse de Clérimberg. Elle a sur la tête une espèce de chaperon et porte une robe de velours décolletée.

Collection Bruny.

DU MÊME.

50 — Danaé; près d'elle l'Amour compte les pièces d'or.

DIEPEMBECK.

51 — Une scène du massacre des Innocents.

Une mère agenouillée sur des marches, serre contre elle ses deux petits enfants, son regard épie avec angoisse l'approche des assassins.

Collection Coulet.

DIETRICY.

52 — Vue prise près de Lauben, en Saxe; une cabane de paysan est construite sur l'eau.

Gravé par Byrne.

DU MÊME.

53 — Des paysans retirent des troncs d'arbres du milieu d'un torrent.

DOMINIQUIN.

54 — Martyre de sainte Catherine, un Ange lui apporte une couronne.

EISEN.

55 — Les plaisirs de la guerre.

> Mars enfant et les Génies jouant avec des attributs de guerre.

DU MÊME.

56 — Les plaisirs de la paix.

> Sur un nuage, Diane enfant et des génies jouent avec des chiens, et de nombreuses pièces de gibiers tués à la chasse.
>
> Galerie Bruny.

FRAGONARD.

57 — Un parc orné de figures très spirituellement touchées.

DU MÊME.

58 — Le premier baiser de l'Amour.

FYT.

59 — Nature morte.

> Collection Coulet.

GÉRARD (F.).

60 — Hélène dans le palais de Ménélas.

GÉRICAULT.

61 — Le Crime.

> Il est personnifié dans un homme à figure et accoutrements sinistres, aux yeux meurtriers. Sa main serre convulsivement un poignard.

DU MÊME.

62. — Portrait d'Edouard Bodin.

GILLOT.

63 — Scène de carnaval dans un village.

DU MÊME.

64 — Même sujet.

Galerie Raghaès.

GIRODET.

65 — Magnifique académie d'homme.

Collection Bruny.

GRANDON (Ch).

66 — Portrait de Nicolas de Navarre, évêque suffragant du diocèse de Lyon, peint en 1776.

DU MÊME.

67 — Portrait de Léopoldine Louise de Navarre, sœur de Nicolas. Elle est vêtue d'un riche costume.

GRÉGOIRE (signé).

68 — L'enlèvement des Sabines.

GREUZE.

69 — Portrait de Mme Tallien, en costume du temps du Directoire.

DU MÊME (genre de).

70 — Le Départ du conscrit.

DU MÊME (genre de).

71 — Le Retour du conscrit.

    Ces deux tableaux sont de la collection Coulet.

DU MÊME (Ecole de).

72 — Tête de vieillard.

GROBON.

73 — Paysage avec chasseurs.

    Très fin d'exécution.

GASPRE (Dughet).

74 — Paysage avec figures.

DU MÊME.

75 — Pendant du précédent.

GUÉRIN.

76 — Le sommeil de l'odalisque.

DU MÊME.

77 — Portrait de Mlle Anaïs de Savaron. Ses beaux cheveux noirs retombent sur ses épaules. Elle tient un livre à la main.

GUIDO RENI.

78 — Saint Sébastien percé de flèches.

DU MÊME.

79 — Sainte Madeleine repentante.

HERMAN D'ITALIE.

80 — Paysage avec figures et animaux.

HOBBEMA.

81 — Paysage traversé d'une rivière. Ciel orageux.

Galerie Raghats.

ORIZONTI.

82 — Paysage avec figures.

Collection Bruny.

JACOB.

83 — Paysage baigné par une rivière parsemée de petites îles.

JOUVENET (J.-B.).

84 — Vision de saint Jérôme.

DU MÊME.

85 — Laissez venir à moi les petits enfants.

DU MÊME.

86 — La Piscine. Pendant du précédent.

Collection Coulet.

JUAN DEL CASTILLO.

87 — Le marchand de fruits.

LABIERO, signé, daté.

88 — Jahel enfonçant un clou dans la tête de Sizara. A droite une mêlée terrible de cavaliers.

Galerie Jourseuveau.

LACROIX.

89 — Tempête.

Des navires sont sur le point d'être submergés, des matelots sont précipités dans les flots, au dessus desquels apparaît la cime des mâts des vaisseaux engloutis.

LANFRANCO (J.).

90 — Le reniement de saint Pierre.

Galerie Bousquet.

LARGILLIÈRE.

91 — Portrait du duc de Berry, gendre du régent.

DU MÊME.

92 — Portrait d'un magistrat.

LEBRUN (Ch.).

93 — Une femme endormie.

LEMOINE.

94 — Vénus, voluptueusement portée sur un nuage, prend une flèche dans le carquois de l'Amour.

Collection Bruny.

LENAIN.

95 — L'étameur ambulant.

LEPICIÉ.

96 — Tête de jeune fille blonde.

LESUEUR (E.).

97 — Les anges annonçant à Abraham prosterné devant eux, qu'il aura un fils. Sara sourit d'incrédulité.

Galerie Hughaès.

LOIR (N.).

98 — Triomphe de Bacchus, de Cérès et de Cybèle.

DU MÊME.

99 — L'apôtre saint Jean écrivant l'Evangile.

LORRAIN (Claude Gelée).

100 — Une abondante source d'eau tombant du haut d'une montagne vient, en formant plusieurs cascades, se transformer au fond de la vallée en rivière limpide. L'horizon est borné par de hautes montagnes baignées dans la vapeur. Une danse villageoise anime le tableau.

Galerie Raghaès.

Mlle MAYER.

101 — Paul et Virginie se sont égarés, la jeune fille surprise par la nuit, prie un genou à terre, en attendant que Paul ait retrouvé le chemin qui conduit à leurs cabanes.

METSYS (Quintin).

102 — Saint Jérome en habit de cardinal.

> Une inscription italienne placée au bas du tableau, porte : A saint Jérôme, cardinal de Saint-Laurent. C'est sans doute le portrait d'un prince de l'église contemporain du peintre.

Collection Coulet.

MICHEL ANGE (Buonarotti).

103 — Saint Sébastien. Il a les yeux levés au ciel, et tient une flèche de la main droite et de la gauche une palme.

Collection Bruny.

MICHEL ANGE DES BATAILLES.

104 — Fruits.

MIGNARD.

105 — Portrait de Mme de Cautecroix, représentée en Madeleine.

Galerie Raghaès.

MIREVELT.

106 — Portrait de Marguerite d'Autriche, gouvernante des Pays-Bas.

MOLA (F.).

107 — L'extase de saint François.

Collection Coulet.

MONNOYER.

108 — Riche bouquet de fleurs dans un vase antique.

DU MÊME.

109 — OEillets dans un vase. Quelques fruits sont au bas.

DU MÊME.

110 — Dans un beau vase plusieurs tiges de lis sont entremêlées de volubilis.

DU MÊME.

111 — Plusieurs sortes de fleurs dans une corbeille.

MUCIANO (G.).

112 — Paysage.

MURILLO.

113 — La Sainte Vierge. Elle regarde le ciel, son visage resplendit d'une pureté céleste.

Galerie Jourseureau.

DU MÊME.

114 — Le Chanteur de cabaret.

DU MÊME.

115 — Un Rieur d'une figure grotesque.

NETSCHER.

116 — Une jeune femme à sa toilette. Derrière elle une chaise gothique.

Collection Bousquet.

NOTTCHENS (signé).

117 — Intérieur d'une famille flamande.

OUDRY (J.-B.).

118 — Un chien en arrêt devant une perdrix morte. Sur un plat une volaille rôtie, et un vase de fleurs peintes par Batiste.

DU MÊME.

119 — Portrait d'une jeune femme en riche costume, coiffée d'une fleur de grenade.

PARMESAN (Mazzola).

120 — Jésus-Christ expirant sur la croix. Au bas sont les Saintes Femmes et son disciple chéri.

Collection Jourseureau.

PATEL.

121 — Paysage. Effet de soleil couchant.

PATENIER.

122 — Paysage d'une grande finesse et d'une belle couleur.

PERELLE.

123 — Paysage.

DU MÊME.

124 — Pendant du précédent.

PIERRE (J.-B.-M.).

125 — Portrait d'une jeune femme. Elle est coiffée de cheveux bouclés entremêlés de fleurs. Son col et ses oreilles sont ornés de perles.

PILLEMENT.

126 — Paysage boisé avec cours d'eau, animé de beaucoup de figures. Sur le premier plan, des joueurs de boules. Gravé.

DU MÊME.

127 — Paysage agité par le vent. Pendant du précédent.
  Ces deux tableaux ont fait partie de la collection Raghaès.

DU MÊME.

128 — Paysage montagneux avec cascades.
  Galerie Bousquet.

PIOMBINO (Sébastien del).

129 — Jésus-Christ au milieu des apôtres appelle à lui les petits enfants.

POUSSIN (N.).

130 — Dans l'intérieur d'une prison entourée de femmes qui pleurent, les disciples de saint Jean enlèvent son corps pour l'ensevelir ; dans le haut du tableau on aperçoit des gardes, le bourreau, Hérodiade et Salomé.
  Collection Raghaès.

DU MÊME.

131 — Dans un paysage éclairé d'un jour mystérieux, un vieux berger, entouré de Satyres et de Bacchantes, joue du chalumeau ; on lui présente une coupe remplie de vin ; plus loin, un Satyre joue avec des tigres.
  Collection Coulet.

PRUD'HON (Pierre-Paul).

132 — Sainte Madeleine repentante.

> De la collection de M. de Bruny, qui l'avait commandé au peintre.

DU MÊME.

133 — Une jeune fille concentre, au moyen d'une lentille de verre, les rayons du soleil sur une torche qui s'allume ; tout près d'elle l'Amour chante en tenant un cahier de musique qui porte cette inscription : *D'une étincelle l'Amour fait un vaste incendie.* Deux Génies accompagnent l'Amour.

> Collection Raghals.

RAOUX.

134 — Une jeune fille endormie dans un fauteuil ; elle porte un turban semé de perles ; sa robe, lacée par devant, laisse sa poitrine à découvert.

REMBRANDT.

135 — Portrait d'homme ; il est assis dans une galerie, sa main droite est posée sur un balcon et sa tête est appuyée sur sa main gauche.

> Il a appartenu au célèbre graveur Boissieu.

RIGAULT (H.)

136 — Portraits réunis du duc de Retz, de sa fille et de son fils.

ROMAIN (J.).

137 — La mort des fils de Latone.

ROSA (Salvator).

138 — Marine. Effet d'orage. Un volcan vomit une fumée noire.
Collection Coulet.

DU MÊME.

139 — Marine. Vaste composition.

DU MÊME.

140 — Même sujet. Pendant du précédent

ROTTHENAMER.

141 — Sainte Madeleine.
Collection Raghaès.

RUYSCH (Rachel).

142 — Allégorie. Sur le sol et dans un vase brisé, des tulipes et des fleurs qui se fanent et s'effeuillent, à côté une lampe qui s'éteint et qui fume ; à gauche une tête de mort altérée par le temps et couronnée de lierre à fruits funèbres ; au-dessous de la tête est placée une branche desséchée.

SNEYERS.

143 — Immense composition représentant l'attaque d'un village.

SERVANDONI (G.-G.).

144 — Ruine d'architecture au milieu d'un village ; dans l'éloignement on aperçoit une dame se promenant avec une ombrelle à la main.

Collection Bruny.

STELLA.

145 — L'Annonciation.

DU MÊME.

146 — Même sujet.

Ce tableau décorait, avant 1793, l'ancienne chapelle de Bechevelin, à la Guillotière, faubourg de Lyon. Cette chapelle a été démolie.

TAUNAY.

147 — Des Nymphes armées de torches sont à la recherche de la fille de Cérés.

TEMPESTE.

148 — Paysage avec cascade. Un pâtre traverse un pont en chassant son troupeau devant lui.

TENIERS (École de).

149 — Réjouissance d'une famille flamande le dimanche des Brandons.

DU MÊME.

150 — Paysan saignant un cochon.

VALDÈS.

151 — Tête de Christ.

DU MÊME.

152 — Mort de Sénèque.
Collection Raghaès.

VALIN.

153 — Une jeune femme se disposant à se baigner.

DU MÊME.

134 — Même sujet. Pendant du précédent.

DU MÊME.

155 — Une Bacchante. L'Amour pleure près d'elle.

DU MÊME.

156 — Une Bacchante donnant une grappe de raisins à l'Amour.

VAN BALEN.

157 — Saint Jean adorant l'Enfant Jésus.
Collection Bruny.

VAN DER KABEL.

158 — Diogène à la recherche d'un homme.

Le peintre s'est représenté sous les traits du philosophe.
Collection Raghaès.

VAN DER MEULEN.

159 — Bataille de Lens.
> Le grand Condé y est représenté monté sur un cheval blanc.

VANLOO.

160 — Repas de chasseurs.

DU MÊME.

161 — Dans un riche salon ouvrant sur la campagne, une jeune fille blonde caresse un chat. Son frère est à côté d'elle.

DU MÊME.

162 — David jouant de la harpe devant Saül.

DU MÊME.

163 — Sara présentant Agar à Abraham.
> Ces deux tableaux sortent de la collection Coulet.

DU MÊME.

164 — Intérieur d'un parc. Des hommes et des femmes font de la musique.
> Collection Bousquet.

VANLOO (J.-B.).

165 — Portrait de l'abbé de Rancé réformateur de la Trappe.

DU MÊME.

166 — Abraham renvoyant Agar.

VAN THULDEN.

167 — Le sacre du pape saint Honoré.

La tradition est que ce tableau a été exécuté par la corporation des boulangers de Malines. Saint Honoré est le patron des boulangers.

Collection Coulet.

VELASQUÈS.

168 — Jonas jeté à la mer.

Sous un ciel gros de tempête, sur une mer en furie, roulant des monstres marins, flottent une barque et un navire de forme phénicienne, dont le vent déchire les voiles et les cordages ; les passagers à demi morts d'effroi tendent leurs bras vers le ciel, quelques-uns précipitent Jonas dans les flots, l'équipage lui attribuant la colère céleste. Une horrible baleine, la gueule béante, attend sa proie.

Galerie Raghaès.

VERBOOM.

169 — Paysage avec torrent, orné de figures et d'animaux.

VERKOLIÉ.

170 — Tête de vieillard.

DU MÊME.

171 — Même sujet. Pendant du précédent.

Collection Bruny.

VÉRONÈSE (C.).

172 — Jésus dans le temple. La sainte Vierge et saint Joseph sont à l'entrée du temple à la recherche de leur divin Fils.

Collection Coulet.

VERNET (J.), daté 1736.

173 — Paysage maritime avec figures.

DU MÊME.

174 — Même sujet. Des odalisques se baignent; des esclaves chargés de parfums attendent leurs maîtresses sur le rivage.

Collection Bousquet.

VERTHANGER (signé).

175 — Paysage. A gauche une statue de l'Abondance et à droite un temple en ruines; tout près se promène une femme qu'épient deux villageois dans un ravin.

WATERLOO.

176 — La première neige d'automne. Un bûcheron regagne sa chaumière.

WATTEAU (Antoine).

177 — Paysage chinois avec personnages.

Collection Bruny.

DU MÊME.

178 — Intérieur de parc traversé par une rivière. Des dames et des seigneurs se disposent à entrer dans une barque richement décorée. Un jeune homme et quelques jeunes filles sont dispersés sur le gazon.

WICK (Ecole de Thomas).

179 — Intérieur de cuisine.

ZURBARAN.

180 — Saint Benoît en oraison.

Ce tableau a appartenu au graveur Boissieu.

DU MÊME (Ecole).

181 — Saint François d'Assises en prière.

MAITRES INCONNUS.

182 — Ecole du Titien. Une jeune fille portant des fleurs et des fruits.
183 — Ecole de Guerchin. Saint Jérôme.
184 — Ecole du Tintoret. Saint Jérôme.
185 — Ecole italienne. Saint Joseph élevant l'enfant Jésus vers le ciel.

www.ingramcontent.com/pod-product-compliance
Lightning Source LLC
Chambersburg PA
CBHW030105230526
45471CB00003B/1272